MANUEL DE DROIT USUEL

ET

D'INSTRUCTION CIVIQUE

A L'USAGE DES ÉTUDIANTS DES MÉDERSAS

PAR

OMAR BEN BRIHMAT

PROFÉSSEUR A LA MÉDERSA D'ALGER

ALGER

IMPRIMERIE ORIENTALE, PIERRE FONTANA

3, RUE PELISSIER, 3

1908

MANUEL DE DROIT USUEL

ET

D'INSTRUCTION CIVIQUE

A L'USAGE DES ÉTUDIANTS DES MÉDERSAS

PAR

OMAR BEN BRIHMAT

PROFESSEUR A LA MÉDERSA D'ALGER

———✦———

ALGER

IMPRIMERIE ORIENTALE, PIERRE FONTANA

3, RUE PELISSIER, 3

——

1908

DROIT FRANÇAIS

ORGANISATION POLITIQUE DE LA FRANCE

La première idée qu'il faut dégager lorsqu'on s'occupe de l'organisation politique, c'est l'État. Tout homme naît membre de l'État; l'État est une réunion d'hommes habitant sur le même territoire et obéissant aux mêmes lois.

La France est un État, parce qu'il ne dépend de personne et que la réunion d'hommes qui la composent vivent sur le même territoire et obéissent aux mêmes lois.

La commune, la tribu ne sont pas des États parce qu'elles ne sont pas indépendantes.

L'Algérie, le Sénégal ne sont pas des États parce qu'ils dépendent de la France.

Si la réunion d'hommes, dont l'État est composé, doit obéir aux mêmes lois, il n'est pas nécessaire que les membres de cet État aient la même religion et qu'ils parlent la même langue.

Ainsi, la France comprend des hommes de toute religion. Il y a des catholiques, des protestants, des musulmans, des juifs, etc.

Elle comprend aussi des hommes parlant des langues différentes : il y en a qui parlent le français, l'arabe, l'hébreu, etc.

Un caractère essentiel de l'État, c'est que les hommes qui y sont groupés obéissent aux mêmes lois et aux mêmés autorités.

Les autorités placées à la tête des États ne sont pas toutes organisées sur le même modèle et ne revêtent pas la même forme.

C'est suivant la forme que revêtent les autorités placées à la tête de l'État, que celui-ci est une monarchie ou une république.

La monarchie est une forme de gouvernement dans laquelle le chef tient son droit de la naissance. Le rang suprême dans une monarchie fait l'objet d'une dévolution héréditaire analogue à celle qui, à la mort d'un père de famille, fait passer ses biens à ses enfants ou à ses proches parents.

Les règles qui déterminent les dévolutions suprêmes ne sont pas les mêmes partout. Ainsi, il y a des monarchies dans lesquelles la couronne ne peut pas reposer sur la tête d'une femme ; il en a été ainsi en France dans l'ancienne monarchie.

Si le roi mourait ne laissant que des filles, la couronne devait passer à ses parents mâles les plus rapprochés. Il en est ainsi en Turquie.

Il y a des pays, au contraire, dans lesquels la couronne peut être dévolue à une femme, comme en Angleterre et en Espagne.

République.

La République est une forme de gouvernement dans laquelle le chef de l'État, au lieu d'être désigné par la naissance, est choisi par ses concitoyens.

Les monarchies ne sont pas toutes réglées de la même façon, mais dans toutes, le chef de l'État tient son droit de la naissance.

Il faut établir une distinction entre ce qu'on appelle la monarchie constitutionnelle et la monarchie de droit divin.

La monarchie de droit divin est celle dans laquelle le chef de l'État prétend tenir son droit de Dieu. De cette façon, il a le droit d'imposer sa volonté suivant ses désirs ; il n'a pas à rendre compte aux hommes qu'il gouverne de la façon dont ils sont gouvernés.

Dans la monarchie constitutionnelle, au contraire, le chef de l'État tient son droit de la nation qu'il gouverne.

Dans toutes les associations d'hommes, il est nécessaire d'avoir un chef pour défendre le faible contre le fort, assurer la sécurité, donner à chaeun ce qui lui est dû ; en un mot, pour que chacun puisse vivre dans une entière liberté.

L'acte dans lequel sont déterminées les règles suivant lesquelles les chefs de l'État doivent gouverner porte le nom de constitution.

Dans tous les grands pays groupés en monarchie constitutionnelle ou en république, on distingue les citoyens et les non citoyens.

Les citoyens sont ceux qui prennent part au gouvernement du pays ; on dit d'eux, qu'ils jouissent de leurs droits politiques.

Les non citoyens sont ceux qui ne prennent aucune part au gouvernement du pays, mais ils jouissent des mêmes avantages et des mêmes protections que les citoyens.

Les règles d'après lesquelles les habitants d'un pays sont divisés en citoyens et non citoyens varient suivant les États. Ainsi, en France, pour être citoyen français, il faut être mâle, être âgé de 21 ans et n'avoir pas subi de condamnations afflictives ou infâmantes, tandis que dans d'autres pays, les femmes ont les mêmes droits que les hommes, ou bien, c'est seulement à 25 ou 30 ans que les hommes ont leurs droits politiques qui sont conférés en France dès l'âge de 21 ans.

D'après la définition qui convient aux États, il y a nécessairement à leur tête des pouvoirs publics qui les représentent et qui sont chargés de les gouverner. C'est ce qui fait la différence entre les peuples civilisés et les peuples sauvages.

Qui doit désigner les pouvoirs publics ? Cela dépend de la question de savoir si on est dans une monarchie de droit divin, dans une monarchie constitutionnelle, ou dans une république.

Dans la monarchie de droit divin, c'est Dieu qui désigne les pouvoirs placés à la tête de l'État ; c'est de lui qu'ils détiennent leurs attributions.

Dans la monarchie constitutionnelle et dans la république, au contraire, c'est la nation elle-même qui désigne les pouvoirs publics tenant ainsi leur autorité de la nation : c'est la souveraineté nationale qui s'exerce.

Dans la monarchie de droit divin, c'est le Chef de l'État qui fait les lois, qui les fait exécuter ; c'est lui qui juge les procès ou tout au moins qui les fait juger.

Il en résulte que son autorité est sans contrepoids et sans limite ; les citoyens sont absolument à sa discrétion.

Ils n'ont d'autres garanties que le souci que peut avoir le Chef de l'État de sa réputation ou bien la crainte d'une révolution ou d'une intervention des États voisins. Ces garanties sont évidemment illusoires.

Dans la monarchie constitutionnelle et dans la république, les attributions qui incombent aux pouvoirs publics sont divisés entre eux, ce qui leur permet de se contrôler et de se tempérer mutuellement.

Il y a d'abord le pouvoir législatif qui est chargé

de faire les lois. Il y a le pouvoir exécutif qui est chargé d'exécuter les lois. Il y a enfin le pouvoir judiciaire qui est chargé d'appliquer les lois.

Chacun de ces trois pouvoirs, devant se limiter à l'exercice de sa mission propre, ne manquerait pas de se heurter aux autres pouvoirs s'il voulait exercer une attribution qui ne lui est pas dévolue par la Constitution.

De là, pour tout le monde, de précieuses garanties.

Depuis la Révolution française, tous les pouvoirs qui se sont succédé en France reposent sur les mêmes bases : souveraineté nationale, pluralité et séparation des pouvoirs.

Par le régime sous lequel nous vivons aujourd'hui et dont les règles sont contenues dans la Constitution de 1875, il est facile de voir que les pouvoirs qui nous gouvernent sont désignés directement ou indirectement par l'ensemble des citoyens.

Ainsi, la Chambre des députés et le Sénat, qui représentent le pouvoir législatif, sont désignés directement par les électeurs dans les conditions déterminées par les lois relatives à la formation de ces deux assemblées; ce qui revient à dire qu'elles détiennent leurs pouvoirs de la nation elle-même.

Le pouvoir exécutif est représenté par le Chef de l'État et ses ministres. Le Chef de l'État n'est pas désigné directement par la nation, mais il l'est indirectement.

En effet, le Chef de l'État est élu par la Chambre des députés et le Sénat réunis en congrès,

Quant aux ministres, ils sont désignés par le Chef de l'État, mais celui-ci doit tenir compte des indications données par la majorité de la Chambre des députés et du Sénat.

Enfin, les représentants du pouvoir judiciaire sont nommés par le Chef de l'État, mais celui-ci ne les nomme qu'en vertu d'une délégation du Peuple français et, une fois qu'ils sont nommés, ils sont complètement indépendants du Chef de l'État, et c'est au nom du Peuple français qu'ils rendent la justice.

Les députés sont élus au scrutin uninominal par arrondissement. On oppose au scrutin uninominal le scrutin de liste.

Les sénateurs sont nommés au scrutin de liste, par département et au suffrage restreint.

Le collège électoral sénatorial se compose des députés du département, des conseillers généraux, des conseillers d'arrondissement et des délégués des conseils municipaux.

Les sénateurs sont élus pour neuf ans, et le Sénat est renouvelable par tiers tous les trois ans.

Pour être sénateur, indépendamment des conditions d'éligibilité, il faut avoir quarante ans.

" Pour être député, il suffit d'être éligible et d'avoir vingt-cinq ans.

Confection des Lois.

Pour qu'une loi devienne exécutoire, il faut qu'elle soit votée dans les mêmes termes par les deux assemblées qui représentent le pouvoir législalif.

L'initiative parlementaire appartient au pouvoir exécutif représenté par les ministres, aux députés et aux sénateurs.

En règle générale, l'ordre dans lequel les deux assemblées examinent le projet de loi importe peu. Tantôt, c'est la Chambre des députés, tantôt c'est le Sénat qui examine le premier le projet de loi.

Cette règle souffre cependant une exception quand il s'agit des lois de finances, c'est-à-dire, celles qui déterminent l'impôt que l'on doit payer; c'est à la Chambre qu'il appartient d'examiner, la première, ce projet de loi des finances. En tout cas, l'accord entre les deux assemblées est indispensable. Lorsqu'un projet est soumis à l'une des deux chambres, celle-ci désigne un certain nombre de ses membres qui se forment en commission et, après avoir examiné le projet de loi, elle se prononce pour la prise en considération ou pour le rejet. Dans ce dernier cas, il n'y a pas à aller plus loin ; si, au contraire, le projet est pris en considération, il est présenté à la discussion devant la Chambre.

Le Gouvernement et les membres de l'Assemblée peuvent user de ce qu'on appelle *le droit d'amendement*, c'est-à-dire de proposer des modifications au projet de loi en discussion. Si le projet de loi est adopté, il est renvoyé devant l'autre assemblée qui doit lui faire subir les mêmes épreuves que la première. Si le projet de loi est adopté dans les mêmes termes, la loi est parfaite, si elle est rejetée, il n'y a pas à aller plus loin.

Si elle est adoptée avec des modifications, le projet de loi ne devient loi qu'autant que la première assemblée aura adopté les modifications introduites par la seconde.

Pouvoir exécutif.

Le pouvoir exécutif est représenté par le Président de la République et ses ministres.

Le Président de la République est nommé pour sept ans par une assemblée composée de tous les sénateurs et de tous les députés. Cette assemblée qui prend le nom de congrès se réunit à Versailles sous la présidence du Président du Sénat ;

il y a donc lieu à l'élection du Chef de l'État tous les sept ans.

L'élection peut avoir lieu plus fréquemment en cas de démission ou de décès du Chef de l'État.

Le Président de la République, chef du pouvoir exécutif, est assisté de ses ministres. Chaque ministre est placé à la tête d'un certain nombre de services publics dont l'ensemble forme ce qu'on appelle un Département ministériel.

Ainsi, le Ministre des finances est placé à la tête de tous les services qui ont pour mission de rassembler les sources de l'état et d'effectuer pour lui les dépenses nécessaires.

Les ministres ont chacun un rôle spécial qui diffère suivant le département ministériel à la tête duquel ils sont placés.

Ainsi, le Ministre de la Guerre n'a évidemment pas le même rôle que le Ministre de l'Instruction publique, mais en même temps, ils ont un rôle commun. Ils forment, en effet, sous la présidence du Chef de l'État, un conseil qui prend le nom de *Conseils des Ministres* et dans lequel, toutes les questions importantes qui intéressent le pays sont agitées et résolues.

C'est le Chef de l'État qui choisit les ministres et qui les nomme, mais cela ne veut pas dire que les ministres sont obligés de s'incliner devant la volonté du Chef de l'État. Ce dernier ne peut rien faire sans ses ministres. En effet, les actes du Chef de l'État, pour être valables, doivent être contresignés par celui ou ceux des ministres dans les attributions desquels l'objet de l'acte se trouve.

Pour gouverner, le Chef de l'État et ses ministres doivent être soutenus par la majorité dans les Chambres.

Or, si le Chef de l'État voulait faire des actes condamnés par les deux Chambres, il lui serait difficile de trouver des ministres qui veuillent s'y associer.

Par conséquent, lorsque le ministre refuse de contresigner un acte du Chef de l'État, il lui résiste absolument.

S'il y a désaccord entre le Président de la République et ses ministres sur la ligne de conduite à suivre dans les affaires du pays, le Président de la République est obligé de s'incliner devant la volonté des Chambres.

Il n'a en effet, pour lutter contre elles que des moyens restreints. Il peut les ajourner, c'est-à-dire ne pas les convoquer pendant un certain temps. A supposer, que ce soit à la Chambre seulement qu'il rencontre de la résistance au moyen d'une majorité hostile, le Chef de l'État peut, en obtenant un avis favorable du Sénat, dissoudre la Chambre des députés. Une nouvelle Chambre est alors élue. De deux choses, l'une : ou bien la nouvelle Chambre a les mêmes idées que la première ; cela prouve qu'en résistant au Chef de l'État, la première Chambre a exactement traduit les sentiments du pays, ou bien, la nouvelle Chambre contient une majorité disposée à soutenir le Chef de l'État et ses ministres, et cela prouve que l'ancienne Chambre n'interprétait pas la volonté du pays.

Voilà le seul moyen que le Chef de l'État et ses ministres ont à leur disposition pour vaincre la résistance des Chambres. De ces deux moyens le premier, c'est-à-dire l'ajournement, n'est pas d'une efficacité bien grande. Quant à l'autre, c'est-à-dire la dissolution, elle n'est possible que si le Sénat a approuvé la conduite du Gouvernement et ses résultats ne sont nullement certains. Au lieu de ces actes d'une efficacité douteuse, les Chambres ont, pour lutter contre le Gouvernement, un moyen très puissant, c'est de refuser au Gouvernement qui n'a pas leur confiance les crédits nécessaires pour gouverner. C'est au moyen des interpellations que peuvent faire les sénateurs et les députés, que l'on constate s'il y a accord ou désaccord entre le Gouvernement et les Chambres. Par les interpellations, les Chambres demandent au Gouvernement un compte de ses actes. A la suite de la discussion du sujet de l'interpellation, on procède à un vote. Si la majorité approuve la conduite du Gouvernement elle émet un vote de confiance. Si elle n'approuve pas la conduite du Gouvernement elle émet un vote de défiance.

Depuis 1789, les constitutions semblent avoir admis qu'elles doivent être placées au dessus des lois et que les lois ordinaires ne peuvent déroger à ces principes et à ces règles, qui s'imposent au respect du législateur comme les lois ordinaires s'imposent au respect des citoyens. Il s'en suit que ce n'est point par des lois ordinaires que ces règles sont modifiées ou changées.

Pour modifier les lois constitutionnelles on a donc recours à une procédure spéciale. En ce qui concerne la Constitution qui nous régit, l'article 8 de la loi du 25 février 1875 s'exprime ainsi :

« Les Chambres auront le droit, par des délibé-
« bérations séparées, soit sur la demande du Pré-
« sident de la République soit de leur initiative,
« de décider s'il y a lieu de reviser les lois cons-
« titutionnelles. Après que chacune des Chambres
« aura pris des décisions, elles se réuniront en
« Assemblée nationale pour procéder à la revi-
« sion. Les délibérations portant revision des lois
« constitutionnelles en tout et en partie doivent
« être prises à la majorité absolue des membres
« composant l'Assemblée. »

ORGANISATION ADMINISTRATIVE

Le Ministère de l'Intérieur est, sinon le plus considérable, du moins le plus étendu des Ministères, car il touche, par ses attributions, à tous les autres Ministères et il les enveloppe, pour ainsi-dire, dans le réseau de son action. C'est à lui qu'est confiée l'administration proprement dite de la France, qui comprend deux parties principales : exécuter les lois et expédier les affaires concernant l'État et les particuliers. Le Ministère de l'Intérieur correspond avec le pays au moyen d'une véritable armée de fonctionnaires qui exécutent ses ordres, s'inspirent de ses idées et transmettent, de haut en bas, l'impulsion qu'ils ont reçue. Ces agents sont organisés entre eux selon l'ordre des circonscriptions ou divisions administratives, qui n'est autre que l'organisation territoriale de la France.

On compte quatre espèces de circonsrriptions : le département, l'arrondissement, le canton, la commune.

Le Département.

L'ancienne France comprenait trente-deux provinces dont la division, fondée sur les différences de mœurs, de langues, de races, fortifiée par des limites naturelles, comme des montagnes et des forêts, empêchait l'unité du pays de se parfaire. La loi du 20 décembre 1789 décide un nouveau partage du pays en départements.

L'article premier de la Constitution de 1791

donna satisfaction à ce vœu. Les départements ne furent pas tracés au hasard sur une carte : on étudia sérieusement les dispositions du sol, les accidents des terrains, pour rendre les communications faciles de l'un à l'autre, et l'on arriva ainsi à une division qu'on n'a pas eu besoin de retoucher depuis plus de cent ans. Les départements étaient au nombre de quatre-vingt-neuf lorsqu'ils furent définitivement établis, mais ils sont réduits, depuis la guerre de 1870, au nombre de quatre-vingt-six, auxquels il faut adjoindre le territoire de Belfort.

Le département n'est pas seulement une division géographique; c'est une unité administrative qui n'est qu'une espèce de petit État qui a son chef particulier, ses représentants, ses finances, son opinion. C'est ensuite une collection de personnes, une portion de territoire qui est en petit ce qu'est la France en grand.

Aussi, le département est une personne morale, ce qui veut dire représentée par ses délégués. Il peut, dans une certaine mesure, disposer de ses propriétés, de ses revenus, de ses ressources, comme une personne ordinaire. Il a aussi ses bâtiments qu'il affecte à tel ou tel service, qu'il fait réparer, qu'il construit. Il a ses routes qu'il entretient, il a ses impôts particuliers qu'il vote suivant et selon le besoin du pays. Il a aussi son gouvernement et son parlement représentés, l'un par le Préfet, l'autre par le Conseil général. Le Préfet est l'agent direct du Ministre de l'Intérieur dans le département, et il exerce tous les pouvoirs qui sont attribués au Ministre lui-même.

Il communique les textes de lois à ses subordonnés et veille à ce que tout le monde s'y conforme.

Il est chargé de maintenir l'ordre public; il a le droit de requérir la force armée pour repousser les attaques des malfaiteurs et dissiper les attroupements séditieux. Il a la police du département, et la police embrasse tout ce qui est relatif à la sécurité et à la salubrité publiques.

A propos de toutes les difficultés de cet ordre et d'une foule d'autres encore, il est chargé de prendre les mesures générales ou particulières qu'il juge convenables.

Toutes les affaires qui dépendent du Ministère de l'Intérieur sont réglées par lui provisoirement ou définitivement et la plupart des affaires qui concernent les autres Ministères passent par ses mains. Enfin, il est comme le Chef du pouvoir exécutif dans le département; il représente le Président de la République dans les cérémonies publiques et dans les conseils de revision.

Arrondissement.

La deuxième circonscription qui est instituée pour faciliter l'administration intérieure du pays s'appelle l'arrondissement.

Le département est trop grand pour que le Préfet et le Conseil général puissent s'occuper de tous les intérêts qui s'y agitent. On l'a divisé en arrondissements dont l'administration est confiée à un agent du Ministre de l'Intérieur et une assemblée élue au suffrage universel.

L'agent du Ministre de l'Intérieur s'appelle sous-préfet, l'assemblée, le conseil d'arrondissement. Le sous-préfet remplit dans l'arrondissement les mêmes fonctions que le préfet dans le département. Il assure l'ordre, représente le pouvoir exécutif, renseigne le Gouvernement, prend des décisions sur certaines affaires, le tout sous le contrôle du préfet qui est son chef et qui a le droit de lui indiquer la conduite à suivre. L'assemblée se compose d'un délégué par canton ; elle est élue pour six ans et remplit des fonctions analogues à celles du conseil général mais beaucoup moins étendues. Il répartit entre les communes de l'arrondissement la somme des contributions que le conseil général a répartie entre les arrondissements du département ; il examine les réclamations que cette répartition peut soulever. Il donne son avis sur plusieurs questions : foires, marchés, chemins vicinaux, etc.

L'arrondissement est un centre politique puisqu'il forme en ce moment la circonscription ou le collège électoral du député. Ce n'est pas l'opinion du département qui est représentée à la Chambre, mais celle des arrondissements qui le composent. Il a aussi une sorte de vie propre qui manque au canton qui partage l'arrondissement.

Le Canton.

Le canton élit le conseil général qui va exposer au chef-lieu du département les vœux et les besoins de ses électeurs ; mais il ne renferme aucun représentant direct du Gouvernement si ce n'est pour les finances, la justice et les travaux publics. Il ne correspond à aucune division spéciale de l'administration proprement dite.

La Commune.

Tout autre est la commune qui n'est pas seulement une division administrative, mais aussi une personnalité qui a une certaine indépendance sans laquelle la France ne serait qu'une collection de petites provinces gouvernées par un pouvoir central, au lieu d'être un pays libre.

Le mot *commune* représente en même temps une portion de territoire et la population qui y vit.

C'est vers le XIIe siècle que les communes ont commencé à se former ; elles étaient alors des associations de paysans et d'ouvriers, formées en vue de résister aux violences et aux caprices des seigneurs. Au début, elles étaient aidées par le Roi qui voyait en leur développement un moyen d'affaiblir la féodalité. Elles se constituaient peu à peu en centres à peu près indépendants au moins dans la limite de leurs intérêts particuliers.

Elles se donnèrent une administration à la tête de laquelle se plaçaient les magistrats élus appelés maires, échevins, consuls, capitouls, etc.. Plus tard elles tombèrent sous l'autorité du Roi et perdirent leur indépendance.

L'organisation des communes fut reprise en 1789. Leur nombre dépasse 36,000. Il en est parmi elles qui comptent plus de 200,000 habitants ; il en est aussi qui ne comptent qu'une centaine d'habitants.

La commune doit être considérée à deux points de vue différents. D'abord, elle fait partie de l'État, et, comme telle, elle est administrée par un pouvoir central ; ensuite, elle a sa vie particulière, et, comme telle, elle a sa gestion spéciale et son petit gouvernement indépendant.

Il nous faut maintenant examiner les conséquences que ces deux caractères différents entraînent.

La commune fait partie de l'État, car la France est un État centralisé. Les anciennes provinces ont disparu avec leurs privilèges et leurs particularités.

La division du pays en départements a eu pour principal but de faciliter, d'une part, l'administration et, de l'autre, l'entente des citoyens entre eux pour le choix de leurs représentants. C'est cette unité, cette conformité même, qui fait de la Patrie française une véritable famille dont les fils sont égaux devant la loi.

L'administration gouvernementale conserve sa place dans la commune où elle est représentée par le maire.

Le maire, en effet, est le véritable délégué du pouvoir exécutif, et, à ce titre, il exerce dans sa commune la plupart des pouvoirs qui sont confiés au Ministre de l'Intérieur.

C'est une espèce de sous-préfet communal placé sous l'autorité supérieure du préfet qui surveille ses actes et lui transmet des instructions du Gouvernement.

Il est chargé de la police de sa commune et aide la justice dans la recherche des crimes et délits ; il requiert au besoin la force publique. Il communique à la population les mesures nécessaires à la levée des impôts. Il prend toutes les dispositions pour les élections, fait dresser les listes électorales et celles de la conscription militaire. Aussi, le préfet a-t-il le droit de le suspendre et de le remplacer par un délégué s'il vient à manquer aux devoirs que lui impose sa qualité de représentant du Gouvernement.

Le maire réprime les désordres, veille au respect de la loi, et le conseil municipal, qui l'assiste en tout cela, prend aussi sa part du Gouvernement dans son petit domaine, comme les Chambres le font dans l'État. En outre, le conseil municipal vote le budget de la commune. Tous les ans, il faut recommencer à délibérer sur ce sujet, car les ressources de la commune varient toujours.

Tantôt c'est la Mairie qui menace ruine, et qu'il faut réparer, tantôt c'est l'instituteur qui réclame de nouvelles tables et d'autres fournitures scolaires, tantôt c'est un abattoir qu'on décide de construire. Puis, ce sont les ressources de la commune qui ont baissé, et le conseil municipal devra veiller à ne pas tomber en déficit. Ou bien la commune a reçu par testament un legs, et c'est le conseil municipal qui en décide l'acceptation et l'emploi des fonds en provenant.

La nature de ces recettes et leur importance varient naturellement de commune à commune. Certaines d'entre elles ont des propriétés comme les particuliers, des bois, qu'elles louent à des fermiers et l'emploi des fonds en provenant figure au premier rang des recettes.

Les communes ont à leur charge des dépenses de natures diverses et pour y faire face, elles votent des centimes additionnels aux principales impositions, selon les besoins annuels. Le tout sous la surveillance du préfet qui peut refuser aux communes de dépasser un certain nombre de centimes.

Les dépenses des communes sont en partie fixes et en partie variables.

La première comprend les frais d'entretien de

la commune ; le traitement du garde-champêtre,
des agents de la police, le logement des ministres
des cultes, l'entretien des enfants assistés, etc.

Les plus considérables sont ceux qui concernent
l'instruction publique, les chemins vicinaux. C'est
la commune qui fournit la maison de l'école et
tout ce qui est nécessaire pour qu'on puisse y
enseigner commodément. C'est la commune qui
a la charge d'établir et d'entretenir les chemins
vicinaux, ordinairement situés sur son territoire,
et quand ils ne servent qu'à faire communiquer,
entre eux, les habitants de la dite commune.

Pour les chemins qui les traversent et qui intéressent les grandes communications du département, elle paye encore sa part, mais l'État lui
vient en aide, Voilà les sujets sur lesquels le
Conseil municipal doit délibérer en votant le
budget.

La loi n'a pas voulu laisser au Conseil municipal tout pouvoir en si grandes matières. Certains
Conseils auraient pu refuser de voter le crédit
nécessaire, ou bien voter des dépenses ou des
recettes qui ne sont pas nécessaires. Elle a établi
certaines dépenses comme obligatoires et fixé une
limite aux contributions. En outre, le budget de
la commune n'est ni définitif ni exécutoire que
lorsqu'il a été approuvé par le représentant de
l'État. Ce mélange d'indépendance et de surveillance exercées paraît s'accomoder mieux que tout
autre au caractère des Français qui sont attachés
à l'ordre et à la liberté.

COURS

DROIT FRANÇAIS

DEUXIÈME ANNÉE

Les hommes vivent en société depuis les temps les plus reculés, ils se sont d'abord réunis en familles, puis en tribus. Ces groupes rudimentaires ont fait place à des groupes plus complets et mieux organisés qu'on appelle des États tels, par exemple, la République Française et l'Empire de Russie. L'association procure aux individus qui en font partie des avantages matériels et moraux. Abandonné à lui-même, l'homme serait le plus faible des êtres, il serait incapable de se défendre contre les forces de la nature et il ne pourrait subvenir à ses besoins. Les hommes s'étant groupés, chacun a un rôle différent à remplir: les uns cultivent le sol, les autres transforment les produits de la terre, d'autres fabriquent des charrues et des armes, d'autres, enfin, instruisent

leurs semblables et leur transmettent le précieux
héritage des connaissances acquises par les générations précédentes. L'association exécute des travaux utiles au besoin de ses membres. Elle fait des
routes, creuse des canaux, des ports, etc., établit
des chemins de fer et, enfin, toutes sortes de voies
de communication. La situation naturelle de chacun de nous se trouve ainsi améliorée par le tra-
vail de tous et par celui de l'État. L'association
nous procure, en second lieu, des avantages
moraux. L'homme, vivant en société, comprend
qu'il a des devoirs envers les autres hommes.
Pour obéir au sentiment de solidarité qui est le
fondement de toute société, celle-ci vient au secours
des malades, des ignorants, des infirmes, elle
établit des hôpitaux, des hospices, des écoles.
L'intelligence de l'homme se développant ainsi au
contact de ses semblables, il comprend enfin qu'il
y a une puissance supérieure qui gouverne le
monde et qui ne pourrait s'expliquer, c'est la
divinité.

Cette nécessité de l'association s'impose non
seulement aux individus du même groupe, mais
aux États eux-mêmes. Les États isolés ne peuvent
pas se développer complètement; ils sont en rap-
port les uns avec les autres, ils échangent des
produits qu'ils avaient cultivés contre ceux dont
leur sol ne produit pas. Ils se concertent pour obtenir des résultats utiles à l'humanité entière : pour
arrêter les épidémies, le choléra, par exemple,

par les mesures préservatoires. Les hommes, vivant ainsi en société, entrent en relations les uns avec les autres. Il était indispensable d'établir des règles pour ces relations, car chacun de nous ne peut faire quelque chose comme il le veut, les plus forts peuvent imposer leurs caprices aux plus faibles. Le droit comprend sous le nom de lois, des règles qui gouvernent le monde. Tous les principes qui sont imposés dans un but d'utilité générale, par exemple les dispositions relatives au respect qui est dû à la personne et au bien des autres hommes. Ces règlements ne sont pas arbitraires, car le législateur ne peut les imposer selon son gré; ils ont pour fondement l'idée de justice qui se trouve dans le cœur de chacun de nous : c'est le sentiment de justice qui nous fait blâmer un acte que nous jugeons mauvais et qui nous fait applaudir un acte de vertu. Il y a ainsi un lien intime entre le Droit et la morale. Chez tous les peuples, à quelque religion qu'ils appartiennent, que ce soit chez les chrétiens, les musulmans, les juifs, etc., nous trouvons les principes communs. Ces lois, qu'on appelle lois naturelles sont, en réalité, des lois immuables; elles ne peuvent pas varier, car la nature de l'homme ne change pas. Le Droit naturel était cependant insuffisant à lui seul pour gouverner les sociétés, c'est ce qui explique qu'à côté du Droit naturel, nous trouvons le Droit positif. Le Droit positif n'est pas caché dans la conscience de chacun de nous, il se révèle par des signes extérieurs. La loi positive doit s'inspirer des lois naturelles car il importe à l'ordre social que les lois naturelles aient un caractère de certitude qui ne laisse place à aucune contestation. La loi écrite est donc indispensable; d'autre part, il y a des points que la loi naturelle ne peut régler et qu'il est urgent de régler. Un enfant ne doit pas pouvoir faire tous les actes de la vie civile; l'expérience prouve qu'il doit être frappé d'incapacité tant que son intelligence n'est pas suffisamment développée; c'est le Droit positif qui peut fixer cet usage. A l'origine, les lois et la religion se confondent, les règles des lois sont considérées comme imposées par la divinité elle-même. C'est la religion qui indique les obligations morales. C'est ainsi que les Hébreux reçurent de Moïse les tables de la loi qu'ils considèrent comme le livre par excellence, source de toute justice, la *Bible* ou *Ancien Testament* ; les chrétiens ont l'*Évangile* ou le *Nouveau Testament*, les Musulmans le *Coran*. Chez la plupart des peuples cependant, la religion ne suffit pas avec le temps pour régler tous les rapports des gens. La loi religieuse donne des règles de conduite et indique au législateur les principes dont il doit s'inspirer, mais il y a des détails d'organisation qu'il ne peut déterminer. D'autre part, la loi religieuse étant attribuée à la divinité elle-même, est immuable; elle ne suffit pas aux besoins nouveaux dont les expériences démontrent la nécessité, elle paralyse le progrès. Enfin, la loi religieuse qui peut gouverner les rapports des hommes appartenant à la même religion, ne peut s'appliquer qu'à ceux-là. Il faut, par conséquent, autant de lois que de religions en présence, c'est pour ce motif que presque partout le droit se dégage de la religion. C'est l'idée qui a prévalu en France ou la même législation s'applique aux mêmes citoyens qu'ils soient Français ou non. En France, il y a des catholiques, des protestants, des israélites. Sous l'autorité de la France, dans les colonies, dans les protectorats, il y a des hommes appartenant à la religion musulmane, à la religion de Boudha. Pour tous, la justice est égale. La religion ne confère aucun privilège, elle n'est la source d'aucune propriété. La législation française qui s'applique à tous les citoyens français en France, ne s'applique pas à tous les sujets dans les colonies. La France a respecté, avec raison, les lois, les coutumes des peuples dont la civilisation est différente de la sienne. La loi doit être en harmonie avec la religion, elle est un produit de l'histoire. Telles sont les raisons qui expliquent qu'en Algérie, les mêmes règles s'appliquent aux musulmans, comme aux chrétiens. Les Juifs qui, pendant longtemps ont conservé eux aussi leurs lois et coutumes, sont complètement assimilés aux citoyens français depuis un décret de 1870 du Gouvernement de la Défense nationale. Cette séparation du Droit et de la religion ; cette sécularisation des lois n'est pas acceptée depuis longtemps en France. Avant la Révolution française de 1789, la loi religieuse avait encore un champ d'application très vaste qui était fixé par le droit canonique, c'est ainsi que le mariage religieux existait seul. Le mariage devait être célébré par un prêtre catholique. Il en résulte que les personnes qui n'appartenaient pas au culte catholique étaient obligés de simuler une abjuration pour pouvoir se marier. La Constitution du 3 septembre 1791 proclame ce principe « que la loi ne considère le mariage que comme un contrat civil. »

Cette idée est génératrice, il n'y a actuellement dans le Droit français, aucune matière qui dépende de la religion. C'est là un des principes heureux que l'on doit à la Révolution française qui a tout fait pour l'émancipation de l'individu, pour l'avenir de l'humanité. C'est elle qui a établi d'une façon définitive la liberté de conscience.

Nous avons vu comment l'idée du Droit a pris naissance et comment elle s'est développée chez les différents peuples. Le Droit naturel étant insuffisant pour régler les rapports des hommes vivant en société, le Droit positif a fait son apparition. Il se confond à l'origine avec la religion, puis, chez la plupart des peuples, il s'en sépare complètement. Le Droit positif comporte un certain nombre de divisions, je vous signalerai le Droit privé, le Droit public, le Droit des gens qu'on appelle le Droit international.

Du Droit privé.

Le Droit privé règle les rapports des particuliers entre eux ; les lois relatives au mariage, au droit du père sur sa famille, aux successions, aux contrats font partie du Droit privé.

Du Droit public.

Le Droit public règle les rapports de l'État et des particuliers. Les lois relatives à l'organisation du pouvoir public, les lois constitutionnelles, enfin les lois qui déterminent les droits et les devoirs réciproques des particuliers et de l'État remontent au Droit public.

Du Droit international.

Le Droit international règle les rapports d'un État avec un autre. Chaque État forme une véritable personne. Ces personnes entrent en relations entre elles, comme les particuliers entre eux. Le Droit internationnal présente un caractère spécial, à savoir qu'il n'y a pas de tribunal chargé de trancher les différenes qui s'élèvent entre les États. Quand deux États ne peuvent pas s'entendre à l'amiable ils peuvent recourir à la guerre.

Des sources du Droit.

Le Droit français doit être étudié dans ce qu'on appelle les sources du Droit, nous trouvons tout d'abord la coutume. Le Droit coutumier est celui qui est introduit par l'usage. Il tient son autorité de la volonté tacite du législateur. La coutume, qui jouait un rôle important dans les sociétés primitives, doit être encore consultée en ce qui concerne les interprétations des conventions. A côté de la coutume il faut placer le Droit écrit et la loi.

On appelle loi, dans un sens très large, toute règle qui émane d'un pouvoir compétent d'après la constitution de l'époque où la loi était faite. La façon dont la loi devait être faite a varié en France suivant les époques. Actuellement, d'après la Constitution de 1875 qui nous régit, la loi doit être votée par le Sénat et la Chambre des députés. Elle doit être promulguée par le Président de la République. Le Président de la République doit promulguer la loi dans un délai déterminé : j'insiste sur cette idée, qu'à certaines époques de l'histoire, on exigeait que la loi fût sanctionnée par le Chef de l'État. Cependant, on comprend bien que pour qu'une loi soit obligatoire, il faut que les citoyens du pays aient été à même de la connaître. Ils la connaîtront par la publication. Les modes de publication ont varié en France. Pendant la Révolution, les lois étaient publiées à son de trompe. Actuellement la publication des lois résulte de l'insertion de leur texte dans des recueils qui sont appelés le *Bulletin des lois* et le *Journal officiel*, la loi est alors connue. Elle est obligatoire du jour où ces journaux ont pu parvenir entre les mains des particuliers. Les particuliers sont les habitants des différents points du territoire français.

Les plus importants Codes.

On appelle codes, des recueils de lois rédigés méthodiquement et divisés en articles. Quand on veut citer une règle de Droit, on doit indiquer le numéro de l'article qui la constitue ; c'est ainsi que l'article 144 du Code civil décide que l'homme ne peut se marier avant l'âge de 18 ans, la femme avant 15 ans. Le plus importants des codes est le Code civil qui est le fondement du Droit français. Il traite de la famille et de la propriété. A côté du Code civil nous trouvons le Code de procédure civile. Il contient les règles sur la manière de procéder en justice, devant les justices de paix, les tribunaux civils, les tribunaux de commerce, car il ne faut pas seulement connaître les règles données par le Code civil, il faut savoir les appliquer. Nous trouvons en troisième lieu le Code de commerce qui est, en réalité, une portion du Droit civil et indique les règles du Droit privé, applicables au commerce et aux actes de commerce. Nous trouvons en dernier lieu le Code d'instruction criminelle et le Code pénal. Celui-ci indique les peines qui frappent les crimes et délits et les contraventions. Le Code d'instruction criminelle s'occupe de la procédure, c'est-à-dire des règles de procédure qui doivent être suivies dans la poursuite et le jugement des infractions ; tous ces codes remontent au commencement du siècle dernier, c'est-à-dire de 1804 à 1810 ; ils ont servi de modèles à presque tous les États de l'Europe et même à certains États de l'Asie comme le Japon. Le Code civil restait en vigueur en Belgique. Ces codes ont reçu de nombreuses modifications destinées à les mettre en harmonie avec les besoins de la société moderne.

Des Personnes.

On appelle personne, l'homme envisagé au point de vue du Droit, c'est-à-dire l'individu considéré comme capable d'avoir des droits et des devoirs. En France, tout être humain homme ou femme est une personne. Il n'en est pas de même dans les pays qui admettent l'esclavage, c'est-à-dire la propriété de l'homme sur l'homme. L'esclave n'est pas une personne. L'esclavage a disparu depuis fort longtemps et c'est une règle admise par les anciens rois de France que l'esclave devient libre dès qu'il respire l'air de France. Il a été supprimé dans les colonies françaises depuis 1848 et c'est par application de cette règle qu'il a été aboli en 1896 à Madagascar, devenue colonie française. En France, tous les droits des Français sont les mêmes. Il n'y a pas de privilèges accordés à certaines catégories de personnes. C'est la Révolution qui a établi la société ayant pour axe l'égalité. Avant la Révolution, les Français étaient divisés en trois ordres : la Noblesse, le Clergé, le Tiers État ou les Roturiers. Les deux premiers ordres jouissaient de tous les privilèges et échappaient dans une large mesure à l'impôt. Actuellement des droits égaux appartiennent à toutes les personnes dès la journée de leur naissance. Dans certains cas, on considère l'enfant simplement conçu comme déjà né quand il y a intérêt. C'est ainsi que l'enfant qui est conçu au moment de la mort de son père, a les mêmes droits que les enfants déjà nés frères et sœurs. A côté des personnes qui ont une existence physique, on a admis par une sorte de fiction, certaines collectivités, certaines associations à faire valoir des droits. Ces personnes sont appelées civiles ou morales. Je vous citerai comme exemple l'État, les communes, les sociétés commerciales, les établissements de bienfaisance ou d'utilité publique. Les personnes dans le monde se trouvent rattachées à divers États, nous trouvons, par exemple, en France, des Anglais, des Allemands, etc. Le lien qui unit la personne à l'État constitue ce qu'on appelle la Nationalité. Il est intéressant en France, de distinguer au point de vue du Droit les Français des étrangers. Tout d'abord, seuls les Français peuvent jouir en France des droits politiques. Les principaux droits politiques consistent dans la faculté d'être électeur et d'être éligible. Pour pouvoir jouir des droits politiques il faut être d'abord Français, il faut être en outre citoyen. 1° La qualité de citoyen Français est réservée aux mâles qui ont atteint l'âge de 21 ans. Cette qualité est refusée aux femmes et aux dégradés civiquement. Il y a des personnes qui, bien que satisfaisant à ces conditions sont Français sans être cependant citoyens Français. Il en est ainsi des Musulmans indigènes en Algérie. 2° La qualité de Français permet, aux personnes qui peuvent s'en prévaloir, de réclamer dans les pays étrangers la protection des agents diplomatiques et consulaires français. Il y a des droits privés qui sont refusés aux étrangers et c'est ce que constate l'article 11 du Code civil. Les droits privés qui sont actuellement refusés aux étrangers sont peu nombreux. Les étrangers en France peuvent, comme les Français, s'y marier, s'y succéder et y être propriétaires. C'est là un progrès important dans les législations modernes. Autrefois les étrangers en France, comme dans tous les autres pays, étaient durement traités, ils étaient presque sans droits. En regard de ces droits que peuvent invoquer tous les Français, ils sont soumis à certaines charges qui dérivent de la nationalité. Une des plus lourdes de ces charges consiste dans l'obligation de faire le service militaire.

De la Nationalité.

Nous avons vu l'intérêt que présente la distinction des Étrangers et des Français en France. Occupons-nous maintenant de la Nationalité. La théorie de la Nationalité est une des plus intéressantes qui se soit développée dans le courant du siècle dernier. Elle a exercé une grande influence sur la formation des États. C'est à elle que nous devons la création de la Grèce, de la Constitution du Royaume d'Italie et, enfin, l'apparition de l'Empire d'Allemagne.

Depuis la Révolution, presque tous les États de l'Europe ont considéré ladite théorie comme étant la source du pouvoir. Il en est résulté que les populations des différents États ont voulu se groupes suivant leurs aspirations. On a prétendu que les États devraient comprendre les individus de même race, parlant la même langue et rapprochés par la communauté des sentiments. L'État, d'après ce système, devrait être identique à la

Nation. Laissons de côté cette théorie et examinons les nationalités en nous plaçant au point de vue du Droit français. Actuellement, on admet généralement que la nationalité doit être gouvernée par deux principes : 1° Tout individu doit avoir une nationalité. La nationalité étant la source des droits et des devoirs, il faut que chaque individu ait une Patrie. 2° Tout individu doit avoir le droit de changer de nationalité quand cela lui convient. En effet, l'homme a le droit de développer ses facultés physiques et intellectuelles. Il doit pouvoir chercher, suivant sa volonté, dans une Patrie nouvelle, les avantages qu'il ne trouve pas dans sa Patrie d'origine. Il y a donc, si on applique cette théorie, deux catégories de Français : 1° Français par la naissance ; 2° Français par un événement ultérieur. L'article 8 de Code civil dispose : Est Français tout individu né d'un Français en France ou à l'Étranger. On a tenu compte de ce que l'enfant se rattache par des liens étroits à la Patrie de son père. La loi française a tenu compte d'un second élément, le fait de la naissance sur le sol français. Mais cet événement ne suffit pas à lui seul pour donner la Nationalité française. Il faut que quelque chose s'y ajoute, voici la règle en cette matière : 1° Est Français tout individu né en France d'un étranger qui, lui-même y est né ; 2° Est Français, l'enfant né de parents étrangers qui y sont domiciliés à l'époque de sa majorité. Enfin, on facilite l'acquisition de la Nationalité aux étrangers nés en France et qui ne satisfont pas à l'une de ces deux conditions. Ils peuvent obtenir la Nationalité française par une simple déclaration ; 2° Français par un événement ultérieur ; peuvent devenir Français les étrangers qui peuvent obtenir la naturalisation. La réunion d'un territoire étranger à la France entraine pour les nationaux de ce territoire la qualité de Français.

De l'État-civil de la personne.

Nous avons vu ce que l'on entend par une personne dans la langue du Droit. Les personnes jouent dans la société et dans la famille des rôles divers. Toute personne se rattache à un État par sa nationalité. Envisagée au point de vue du Droit, une personne est enfant légitime ou naturel, célibataire ou marié, majeur ou mineur. Ce sont les qualités juridiques de la personne, dans la société et dans la famille, qui constituent son état civil. La détermination exacte de l'état civil de chaque individu présente un intérêt capital. Elle permet d'abord d'établir sa nationalité. En Droit Français, vous le savez, l'enfant suit la nationalité de son père. Elle fixe sa situation de famille et par suite ses droits de succession. C'est pour permettre à chaque personne de prouver son état civil que le

Code prescrit la tenue de registres publics destinés à contracter les principaux actes de l'état civil : la naissance, le mariage, le décès, doivent être mentionnés sur le registre de l'état civil. L'acte de naissance prouvant la filiation, indique dans quelle famille l'enfant est entré. Il détermine les droits de succession qui peuvent lui appartenir. Le mariage fait passer la femme sous l'autorité de son mari. A dater de la célébration du mariage, elle devient incapable. L'acte de décès contate la disparition d'un membre de la société. Il sert de base à l'ouverture des droits subordonnés à la mort. Ces événements ne sont pas les seuls qui peuvent modifier l'état civil d'une personne. Le divorce rend à la femme sa pleine capacité. Il permet aux anciens conjoints de contracter une nouvelle union. L'adoption, la reconnaissance de l'enfant naturel qui crée une filiation adoptive, l'autre qui constate la filiation naturelle doivent être rapprochées de l'état civil, elles doivent être mentionnées sur les registres de l'état civil. C'est au clergé catholique qu'appartient l'honneur d'avoir créé les registres de naissance, de mariage, de décès. Ces événements, au point de vue religieux, correspondaient à des sacrements : le baptême, le mariage, la sépulture. Des ordonnances royales, dont la plus ancienne est de Villers-Cottrets, en 1539, sous François Ier, régularisèrent la tenue des registres et ordonnèrent qu'elles feraient preuve de naissance, de mariage, de décès.

Après la révocation de l'édit de Nantes les faits de l'état civil, intéressant les protestants, furent difficiles pour ceux qui ne voulaient pas abjurer leur religion ou confier leurs enfants aux prêtres catholiques.

La Révolution française a sécularisé les actes de l'état civil. Elle a séparé complètement l'acte religieux de l'acte civil et, par une loi de 1792, a établi, sous le nom d'officiers de l'état civil, des officiers spéciaux chargés de constater les faits relatifs à l'état civil d'une personne. Les fonctions de l'officier de l'état civil sont exercées actuellement par le maire ou par l'un de ses adjoints. L'acte de naissance doit être dressé par l'officier de l'état civil de la commune où la naissance a eu lieu. Certaines personnes sont obligées de faire la déclaration de naissance dans un délai de trois jours, cette obligation incombe d'abord au père. L'acte de naisssance doit être rédigé devant deux témoins. L'acte de décès doit être dressé par l'officier de l'état civil du lieu où le décès a eu lieu par la déclaration de deux personnes, parents ou voisins. L'acte de mariage doit être dressé dans la commune où l'un des époux est domicilié; il doit être précédé de publications. Les registres de l'état civil sont publics. Les personnes, dans leurs rapports, ont intérêt à connaitre leur état civil respectif. C'est pour cette raison que l'article 15 du Code civil permet à toute personne de faire des extraits de registres de l'état civil. Une loi, du

23 mars 1882, oblige le chef de famille à prendre un nom patronymique indigène, en Algérie. Les naissances et les décès doivent être constatés. Les mariages ne sont pas obligatoirement célébrés par l'officier de l'état civil français, mais la loi de 1882 exige une déclaration de mariage faite dans un délai de trois jours en présence de deux témoins devant l'officier de l'état civil.

De la Famille.

On entend par famille la réunion de personnes descendant d'un auteur commun. La famille a pour base le mariage. La famille correspond à un fait naturel. L'homme ne peut rien seul. Enfant, il est trop faible pour se défendre contre les dangers qui le menacent, il ne pourrait subvenir à ses besoins. Vieillard débile, il doit être nourri et protégé par les siens. La famille est la base de la société, aussi peut-on dire que cette institution se retrouve chez tous les peuples et qu'elle est essentielle à la nature humaine. Dans les groupes d'hommes qui se sont formés à l'origine, nous trouvons la famille fortement constituée; c'est une petite société ayant pour chef le père de famille chargé de la gouverner *(pater familias)*. Ce n'est pas le père dans le sens habituel, ce n'est pas le producteur, c'est celui qui ne dépend

d'aucun autre et qui a autorité sur une famille.
Dans la langue du Droit, le titre de père de famille
pouvait être donné à un homme qui n'avait pas
d'enfants ou même qui n'était pas marié. Le père
de famille avait à Rome sur les personnes qui
font partie du groupe, sur la femme, sur les
enfants, sur les esclaves, les pouvoirs les plus
étendus. Il avait sur eux le droit de vie et de mort.
Chez les anciens, la femme, les enfants, les esclaves n'avaient rien à eux leur appartenant en
propre, seul, le père de famille était propriétaire.
Ses pouvoirs dérivant de la qualité de chef sub-
sistent sur les enfants sans qu'on ait à se préoc-
cuper de leur âge, ils peuvent ainsi peser sur les
vieillards. La puissance paternelle ne disparait
que par la mort du chef de famille. Des familles
nouvelles se forment alors. Chacun des enfants
mâles du père de famille décédé devient à son
tour chef de famille. La puissance paternelle disparait encore quand l'enfant, par la volonté de
de son père, sort de la famille pour rentrer dans
une autre famille nouvelle, au cas d'une émancipation ou quand la fille se marie. La famille anti-
que chez les peuples pasteurs, la famille actuellement encore dans les pays musulmans, sacrifie
tout au principe de l'autorité: cette organisation
présente quelques avantages : elle forme l'esprit
d'ordre et de discipline, mais elle offre l'inconvé-
nient d'étouffer l'initiative individuelle, de faire
de la personne un instrument dans les mains du

chef. Avec le temps, quand l'idée de l'État apparaît, quand cette association large se substitue au groupement de famille, aux tribus, aux clans, la collectivité comprend qu'il est de son devoir de ne pas laisser le père de famille maître absolu. L'État vient au secours des enfants, des femmes, des esclaves à l'époque de l'esclavage. L'objet de la famille se transforme.

C'est ainsi que si nous examinons l'origine du Code civil français, nous voyons que la femme n'est plus incapable à raison de son sexe. Elle le devient par son mariage et dans l'intérêt de la famille. Le Code civil à la différence du Droit romain, lui confère la puissance paternelle avec cette seule restriction qu'elle ne peut l'exercer à l'encontre de son mari. La puissance paternelle cesse dès que les enfants arrivent à un âge où la loi présume qu'ils ont l'expérience nécessaire pour se diriger librement, c'est-à-dire à leur majorité. La puissance paternelle peut être retirée au père qui en est indigne. Enfin, tandis que l'enfant ne pouvait avoir autrefois un patrimoine personnel, que ses biens se confondaient avec ceux du père de famille, ce qu'il acquiert, il l'acquiert désormais en propre. Le père a seulement l'usufruit légal des biens de ses enfants et ce droit disparaît quand l'enfant a atteint l'âge de 18 ans.

Non contente de restreindre ainsi les droits du père de famille sur les biens, sur la personne de ses enfants, la loi française a été plus loin : elle interdit au père et à la mère de disposer à titre gratuit d'une portion de leurs biens personnels, au détriment de leurs enfants, elle introduit à leur profit une réserve. C'est ainsi qu'avec le temps, l'idée de famille se transforme. A la conception originaire on substitue une conception nouvelle ayant son fondement dans la nature même. La famille est destinée à protéger la femme, les enfants et les vieillards. Les pouvoirs du chef de famille ont pour mesure l'intérêt de ses membres.

De la Parenté.

De même que la Révolution française a établi l'égalité des individus dans l'État par la suppression des privilèges, de même elle a établi l'égalité dans la famille par l'abolition du droit d'aînesse et du privilège de masculinité. Ces institutions se rattachaient au régime féodal, aux rapports du seigneur et de son vassal. Elles devaient disparaître en même temps que le régime qui en était la source. Actuellement, les enfants ont les mêmes droits de succession, garçons ou filles aînés ou puinés. Les membres de la famille sont unis les uns aux autres par la parenté ou l'alliance. La parenté a pour origine la filiation, c'est le lien qui unit les personnes descendant les unes des autres ou d'un auteur commun. Quand on est en présence de personnes descendant l'une de l'autre, d'un père, d'un fils, d'un aïeul, d'un petit-fils, on dit que la parenté est directe. Quand on envisage des personnes se rattachant à un ascendant commun, par exemple deux frères, un oncle, une nièce, on dit que la parenté est collatérale. Les parents d'une personne sont appelés parents paternels quand ils lui sont parents par son père : ils sont appelés parents maternels quand ils lui sont parents par sa mère. On appelle frères germains ceux qui ont un père et une mère communs, on appelle frères cosanguins ceux qui ont le même père sans avoir la même mère, on appelle enfin frères utérins ceux qui ont la même mère sans avoir le même père. On distingue dans la parenté la ligne et le degré. La ligne est la suite des personnes descendant les unes des autres ou d'un auteur commun. Il y a deux lignes : la ligne directe et la ligne collatérale. La ligne directe qui comprend les personnes descendant l'une de l'autre, est descendante ou ascendante suivant qu'on envisage les descendants ou les ascendants d'une personne. Dans cette ligne, la proximité de parenté s'établit par le nombre de générations. Chaque génération s'appelle un degré. Par conséquent, il y a autant de degrés que de générations dans la ligne directe. Le père et le fils sont au premier degré, l'aïeul et le petit-fils sont au second degré. En ligne collatérale, il y a deux lignes de parenté à considérer. Les collatéraux sont, en effet, les personnes qui descendent d'un auteur commun. Il faut remonter de la personne envisagée à l'auteur commun, puis redescendre, donc l'échelle est double. Prenons deux frères pour connaître la ligne de parenté, on remonte de l'un à l'auteur commun, on descend à l'autre et l'on trouve qu'ils sont parents au deuxième degré ; prenons un autre exemple, un oncle et un neveu ; ils sont au troisième degré parce que pour remonter du neveu à l'auteur commun il y a deux de grés, puis un degré pour redescendre à l'oncle.

La parenté confère des droits : le droit de succéder, le droit de réclamer les aliments ; elle impose des obligations : l'obligation de payer la dette alimentaire, l'obligation d'être tuteur. Elle entraine des incapacités, notamment les empêchements de mariage entre parents rapprochés. L'alliance est le lien qui unit chaque époux aux parents de l'autre. Tous les parents de l'époux sont les alliés de la femme et inversement. L'alliance se calcule comme la parenté. Un parent du troisième degré du mari est un allié au troisième degré de la femme. Les effets de l'alliance sont analogues à ceux de la parenté. Ils sont cependant moins complets. L'alliance, comme la parenté, est la source de l'obligation alimentaire et elle engendre des incapacités aux mariages, mais à la différence de la parenté, elle ne donne pas de droits de succession.

L'alliance existe malgré la dissolution du mariage, cependant, certains effets de l'alliance cessent de se produire lorsque le mariage qui les a fait naître est dissous et qu'il ne subsiste pas d'enfants nés du mariage, il en est ainsi de l'obligation alimentaire.

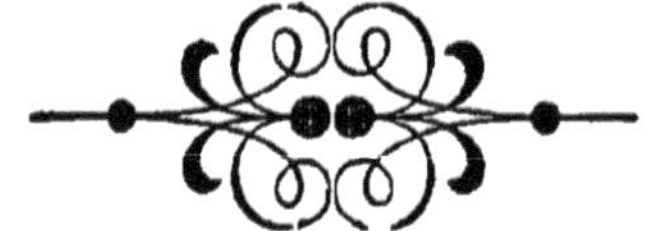

www.ingramcontent.com/pod-product-compliance
Ingram Content Group UK Ltd.
Pitfield, Milton Keynes, MK11 3LW, UK
UKHW021007120726
13693UKWH00004B/1819